흰 그늘

김지하 시집

이 도서의 국립중앙도서관 출판시도서목록(CIP)은 e-CIP 홈페이지
(http://www.nl.go.kr/ecip)에서 이용하실 수 있습니다.
(CIP 제어번호 : CIP2018022383)

헌 그늘

2018년 7월 17일 1판 1쇄 인쇄
2018년 7월 25일 1판 1쇄 발행

지은이 | 김지하
펴낸이 | 孫貞順
펴낸곳 | 도서출판 작가
　　　　(우-03761) 서울 서대문구 북아현로 89 버금랑빌딩 2층
　　　　전화 | 365-8111~2　팩스 | 365-8110
　　　　이메일 | morebook@morebook.co.kr
　　　　홈페이지 | www.morebook.co.kr
　　　　등록번호 | 제13-630호(2000. 2. 9.)

편집 | 손희, 설재원
디자인 | 전경아, 박근영
영업 | 손원대
관리 | 이용승

ⓒ김지하
ISBN 978-89-9485-81-7 03810

잘못된 책은 구입하신 서점에서 바꾸어 드립니다.
지은이와의 협의 하에 인지를 붙이지 않습니다.

값 10,000원

흰 그늘

김지하 시집

작가

자 서

마지막 시집이다.
교정하지 않는다.
마지막 다섯 줄 '아내에게 모심'
한편으로 끝이다.
이제 내겐 어릴 적 한恨
'그림'과 산밖에 없다.
끝.

2018년, 새봄
원주 대안리 흥업 다물多勿집에서.

차 례

자 서

제 1 부

나 _ 013
여량 _ 014
달고개. 애깃골 _ 017
옥전玉田 _ 021
병신丙申 정월 대보름날 _ 024
두물머리 뒷산 _ 025
이 길 _ 026
내 마음 _ 028
노동 _ 031
무無 _ 033
허름 _ 034
빈 길 _ 036
행구길 _ 038
슬픈 평화 _ 042
없다 _ 044
山 _ 046
없음 _ 048
집에 가 밥이나 먹자 _ 050

제 2 부

은이불 _ 056
나의 마고麻姑 _ 058
또 마고麻姑 _ 060
울금 _ 063
아무 생각없이 _ 065
월봉月峰 _ 067
나의 입석대立岾台 _ 070
나의 양안치兩岸峙 _ 071
새벽 _ 072
너는 나에게 _ 074
내일 또 오리라 _ 078
나는 너에게 _ 079
나는 이곳에 홀로 _ 085
수정산水精山 _ 087
새 고향 1 _ 088
새 고향 2 _ 090
새 고향 3 _ 092
나 혼자 이 세상을 _ 095

제 3 부

그래서 속마음을 _ 098
내가 나에게 _ 102
박달재에서 _ 103
황혼 속의 맞으라 산 _ 104
황골 1 _ 108
황골 2 _ 109
황골 3 _ 110
미륵산 _ 111
유리 개벽 _ 115
나 오직 하나 _ 117
솔미에서 솔미까지 그리고 월봉月峰에서 앵봉鶯峰까지 _ 118
누군가 _ 120
나무아미타불 _ 122
詩로 _ 125
병신 _ 126
바보 1 _ 128
바보 2 _ 130
바보 3 _ 131

제 4 부

오늘 아침 _ 134
누나 _ 136
촛불 _ 137
겨울 햇빛 _ 138
유리 _ 141
모심 _ 144
에헤야 _ 145
흐린 유리 1 _ 147
흐린 유리 2 _ 150
흐린 유리 3 _ 152
흐린 유리 4 _ 153
흐린 유리 5 _ 154
흐린 유리 6 _ 157
흐린 유리 7 _ 159
흐린 유리 8 _ 160
흐린 유리 9 _ 162
다섯줄 _ 163

제 1 부

나

지기금지원위대강至氣今至願爲大降
모심
나는 내가 아니다.

부처도 한울도 신령도 아닌
한
기이한
물방울이다
나.

진정생眞精生
그리고
참으로 복승復勝했다.
묻고 싶거든
동강 제장마을 앞
골덕내에 가서 물어라.

(丙申 정월)

여량

이제
정선군이
아우라지의 여량을
중요한
곳.

그렇다
아직 뚜렷하지는 않으나
인류의 전혀 새로운
문명의 땅

그곳으로,

심치제인沈治濟因이
새로운 곳이라 정한 그 땅
그곳으로

가려 한다
될까?
크루즈를 타고

유커들을 앞세워
이곳
앞잡이들
앞잡이들을 세워

중국이
일본이
미국이
러시아가
가만 있을까?

그래서다
이미 김주호金周虎가 말했다.

서민동일진西憫東一辰
민憫은
무엇?
일진一辰은 또 그 무엇?

왜
과연
무엇?

(丙申 1월 6일)

달고개. 애깃골

애깃골을
왈
속담길이라 했것다.

아하
황둔의 옛 찐빵마을에서 안흥의
저 유명한 찐빵마을까지 10리를
달고개가 넘는다.

치악산 뒤쪽
금수산 밑 디딜방아 동산대 아래
그 구명물
병.

'아가야 배고프면 노래를 불러라,
아리 아리 아라리요'

정선아리랑의 참시작이다.
어허
쭈삐리

주계리酒界裡

삼국시대 초
어허야

여인들과 아이들이
배가 고파 허덕이다 허덕이다
노래로 노래로

월현月峴
속계溪谷 길에서
아라리를
시작했다네

또 찐빵 덕에 황둔에서 안흥으로 방림으로

평창으로
미탄 황탄 소탄 여곡

그리해 망하 광하

또
정선으로까지
나가

옥답산
어허
아우라지 아우라지 아우라지로

그 여량餘糧으로 나아가
구미정九美亭 구절리九折里 81 동북의
백두대간을
빙
돌고 돌아

동강東江으로 해서
가두리, 굴암리, 가탄 윗-아랫마을
나리소, 뒷터,
백운산의 제장마을 골덕내,
거북이 마을 연포로,

영월
단양
제천
원주

아아아 돌아왔다네 돌고돌아서 어허허

그것이
곧
'아라리'

"함께 춤추며 같이 살아보자"는
흰 그늘
조선의 정선
오늘
불함不咸이라네
어허.

(丙申 1월 8일, 丙申 1월 9일)

옥전玉田

나

아라리 첫고향
금수산 디딜방아 밑
텅 비인
물 구멍자리

벙에서

오줌 싸고 똥 싸고 끙끙거리고
그것도 설사똥

옛
고구려 때
농사 짓던 군인들의 땅
황둔黃屯에서
오미리와 감악산 백련사白蓮寺 아래

또
오줌 싸고 똥 싸고 끄긍끙
그것도 설사똥

의림지 너머
문바위 가는
기남이 길에서도 끄긍―끙
어허

오줌 싸고
똥 싸고
끙―설사 똥!

또다.

제2 한방 명의원
노묵골 뒤쪽의
옥전玉田

아마 옥전에서는
아니다

오줌
실컷 싼 뒤에도
봐라

똥은
끝이다.

가리파 너머 오며 생각하고 생각하고
또 생각한다
옛
한 늙은이의 말

"이젠
약은 없다
약은 오직
한울만이 줄 뿐"

아아
옥전玉田

"농사는
바로

약"

                                      (丙申 2월 15일)

병신丙申 정월 대보름날

병신丙申 정월 대보름날

북에선
핵
그리고 테러

남에선 사드 사드
F-22 스텔스

정치는 지랄발광하는데

나
詩 다시 쓸 수 있을까

병신
아아니

벼엉신—
그저 원숭이 새끼 더러운!

다시?

(丙申 정월 대보름날)

두물머리 뒷산

두물머리 뒷산이 있었구나

양평
마유산
중대산 뒤

허허
청계산 밑에

그 사람이
살고 있었구나

산업화·민주화 융합으로
지난 시대를
정리한

한 여자가 허허허

몽양 선생이
살다간
두물머리 그 뒷산에 허허허허허

(丙申 3월 19일)

이 길

이 길
이 길을 나는 말년에
가고 있다.

이 길
이 복승複勝의
길

오운육기五運六氣의 길 황제내경黃帝內經의
길

이 길을
때로 사람들은

천응혈天應穴이라 아시혈我是穴이라
때론 회음뇌會陰腦라
아니면 17 식識
19 식識이라
우주심층무의식이라

허허허

나는
이 길을
나의
뒷산 풍점風占 길이라 부르며 가고 있다

왜
잘못되었냐

알파고보단 낫지 않으냐

허.

내 마음

아주
먼
옛날

목포 변두리 내가 좋아하던
작은 함석집

거기

나

그림 못 그리게 어머니 매를 맞아
손을 못 쓰고
입으로만 빗속의
맹꽁이 소리 흉내 내던 그 집

아아
지금
칠십 년이 지난 이 늙은 봄
아내가 사들인

작은
다물집

아아아아아

강원도 원주 변두리
대안리
흥업

자그마한 산 아래 집
닭 울음소리만 들리는

아아
내 집

내 고향집

눈물이 난다
일흔여섯 살 나이

아
한 장
그림을 그려볼까나
땡

       (丙申 4월 9일, 3시 20분)

노동

느을
아내의
짜증 섞인 푸념

아이구
힘들어!

밥 얻어 먹는 나는 도통
노동이란 걸
못해

공부밖엔
글쓰기 그림그리기밖엔

하하

어쩔 수 없지

그래도
이런 내가 과거엔

몇 달을
스태바에서

또
몇 달을

탄광 시커먼 막장에서.

내 나이
일흔여섯

늙는 게 내겐 구원이다

하하하.

(丙申 4월 13일)

무無

꼬옥
머언데서만
詩를 잡아 써왔다.

이제

일흔여섯
손자 본 나이

생각한다
또 궁리한다

— 무無에서는 詩가 안 나오는가? —

오늘 저녁엔
아내와 며느리 따라

고깃집에도
안 갈란다
될까?

(丙申 4월 20일 3시)

허름

너무 허름해서
더 이상
쓸 수 없다

그런데 왜 젊은 날 그리도
허름한 세상을 찾아

지금
이 늙은 나이에
허름한 산간의 초라한 집을 찾아
찾아
다닐까

왜
?
모른다

그런데 왜, 왜, 왜?

아마

죽은 뒤에도
죽을 때도
여전히
찾아 헤맬 것이다

허름
허름
허름

허허허

내 이름이겠지, 본래의.

(丙申 4월 21일 1시 40분)

빈 길

어디
빈 길이 있었던가
내가 헤매었던
그 길고 긴
산길

어느 한 곳 빈길이 있었던가

나
지금
그 길을 찾아간다

없다

그러나 찾는다

없음에도 찾고 또 찾는
길

그 길

그것이 빈 길
아아
없다.

(丙申 4월 24일)

행구길

행구길

치악산 밑 혁신도시 곁 길고 긴
멋대가리 없는
고층 건물
길

길
그대로 길뿐인
길.

아아아

나는 이 길에서 옛날에 이미
세 번 죽었다.

입석대 갔다가,
오릿길 넘다가
국향사 가다가

죽었다.

난
이제
귀신이 되어 이 길을 간다.

궁예는
이 길에서 그 여인
소담素淡을 만났다.
머리깎은
창녀

또
만났다.
부기리富紀里
허허허
머리 기른 중
만나 세 번 씹하고
세 번 욕하고
세 번

……

나는 이제 행구길을 잊었다.
다아
잊었다.

그리고
궁예마저 잊었다.

기이한 이름
아아
'곰네미'도
천은사天恩寺도 그 너머 '백운령'도

백운령 뒤
십자봉도

문막 벌판도 명봉산도
궁촌리弓村里도
다아 잊었다.

남은 것은
풍점風占
하나

월봉月峰
둘,

그리고 한백겸의 무덤
셋.

                              (丙申 4월 24일)

슬픈 평화

엊그제
청주로
우리 손자 상안이 보러
다녀왔다.

크다
굵다
야무지다.

다 버린다 내 꿈도 내 소망도
희망도
욕망도
다아

오직 푸른 하늘 흰 구름
푸르른 푸르른
숲뿐

그리고 손자뿐

그 뒤

나는 텅 비었다.

그리고
이렇게 평화롭다 슬프다.

(丙申 5월 21일)

없다

詩
다아 읽고 난 뒤

없다

어제
토지문학공원 시 낭송 때
김지하
「별」이
나왔는데도

지금
최근 시 읽었는데도

없다

무엇이?

아아

詩!

(丙申 5월 29일)

山

山을 보다가
밑을
보면

없다, 아무것도 없다.

그러나
山은 없어지지 않는다.
전혀!

옥전玉田도
수정산水精山도
한계령도 없어지지 않았다.

있다.
끝까지 있다.

내
그 사람이 내 곁에 있는 동안
끝끝내

끝끝내

아아아 그래!

(丙申 6월 2일)

없음

대낮
창밖에
하늘 있고 산 있고 수풀 있고
또 있다
집 있다
사람도
인생도

개똥도
소똥도 더러운 정치도 이념도 전쟁도 있다

다
있으니
없는 것 없으니
참
좋구나

행복 빼고 하나도 없으니
내가 생각하는
인생

그런 건 어디에도 없고

주머니에
한 푼
돈도
없고.

(丙申 6월 2일)

집에 가 밥이나 먹자

올해의
우리 장모님
세계문학상을 받은 케냐의 작가
응구기와 시옹고가
왈

"시詩는 김지하가 최고다.
그 중에도
「오적五賊」이"

얼마 전 아내의 선택으로
흥업興業의
한
숲길의 작은 집
다물多勿 집으로 이사했다.
그 집 구석방
불함不咸에
누워

밤새 생각한다.

개벽은 흰 그늘뿐

풍점風占 고개 아래
양안치에서

복승復勝을 기다리는
그 길뿐

흥업興業뿐이다.

오늘 새벽 아내 따라
매지리에
다녀왔다.

작가들 갈비 선물하러
한 여류작가가
매지리 숲속에
정신없이
사진을 찍고 있다.

산문인가?
소설인가?

하하하

시옹고의 말
"詩는 김지하의
「오적」이 최고다."

돌아오며
내 속으로 아내에게 한마디 한다.

'여보
장모님 문학상은
내가
타야겠소!'

허허허
차 앞에
찍—

참새가 튄다.

"집에 가 밥이나 먹자!"

(丙申 9월 15일)

제 2 부

은이불

잠이
살풋 들어
내 이불을 보니

온통
은빛이네

아아 재수 없어
재수 재수 재수 없어

밤새도록
엎치락 뒤치락
고생하다
새벽에 깨어보니 이것 봐!

간 데 없다.

뭘까?

엊그제 문앞에 사다놓은

두 마리 돌해태 때문일까?

아니면
아니면
…

(丙申 9월 16일)

나의 마고麻姑

잠들기 전에 잠깐
아내에게
사과하고 나서
잠.

아내가 마고麻姑가 되어서
단군檀君이 되어서
지배자가 되어서

새 세상이다
아
흰 그늘이다
이 집 이름이 다물多勿이었다.

아아
내 방 이름이 불함不咸이었다.

새벽에
문득

아내가 밖에서 소리친다.

흥업興業은 울금
울금은 강황
강황은 복숭
복숭은 개벽

깨어보니
없다

아내는 목욕탕에
길고 긴
씻음을 위해 가고 없다.

백운산白雲山 너머
추석
해가…….

하하하하하.

또 마고麻姑

아무래도
내 아내

토지문화관 관장님은

아무래도 아무래도
마고麻姑다.

오늘 전문 뜸질하는 것까지도

남쪽 전문가
당진 사람 불러서
조그만
뜸방 집안에 만들어

이제 일삼아
뜸질하는 것도

팔려八呂
사월四月

그렇다.

그러나
나는
사절한다

나는
혼자다
아내 때문에도 더욱
혼자.

아아
불함不咸이다.
천산天山 지나 바이칼 가는 길

흰 그늘
찾아가는 길

어제 꿈이었던가?
아니던가?

새벽에 눈뜨고 혼자 중얼거린다

"여보
난 당신밖에 없소"

(丙申 9월 18일)

울금

그제밤

나도 모른다

내가 소리내 울었다.

내 생애
처음

무서운 짐승 울음소리

어흥 —.

아내가 옆방에서 자다 깨어 일어나
큰 소리로 나무라는 걸 듣고
깨었다.

아
무슨 일일까?

짐승 울음소리,
내 나이 칠십여섯에?

아아아
무슨 일일까?

(丙申 9월 22일)

아무 생각없이

아예
아무 생각없이

그저
시를 써야겠다는 생각 하나로

이렇게
앉았다.

이래서 詩가 나올까?
詩란 이런 것일까?

詩란
도대체 무엇일까?

열린 창 너머
머언 산들 위에
가을철 흰구름이 쓸쓸하다

"쓸쓸하다."

이것뿐
시詩냐?

(丙申 9월 24일)

월봉月峰

옛
산 위의 물

산상지유수山上之有水의 비밀을 생각다

부론
삼강합수처三江合水處 흥원창
월봉月峰이 떠올라

그림까지 그리고
시까지 쓴다

거기
흥호의 월봉月峰 한기악
그 옆
노림의 옛 대동법大同法의 한백겸
손곡, 좀재의
한때 황제였던
후백제의
견훤까지 떠오른다

한강, 섬강, 단강이
박달재가
우륵이

영봉의 산 월악이,
덕주사가

그리고 그리고
난데없는 민족통일이,

하하
그러고 나서
궁촌리 이어 명봉산
문막벌판 이십칠회 삼십만으로
전멸한 궁예와
왕건이, 법천사, 거돈사가

이곳
바로 솟대인
해월海月 여주강 무덤이

후천개벽이
물속의
산이

보이지 않는
비밀

풍점風占고개가 떠오른다.

물!

나의 입석대立石台

나의
입석대立石台

열여섯에 벗들과 함께 올랐던

기이한
치악.

나는 이곳 밑
한
산속 카페에서
어느날
선 채 죽었다.

죽었다.
나의 산봉오리와 입석대立石台.

나의 양안치兩岸峙

나의
양안치兩岸峙,

예수쟁이의 백운산白雲山과
미륵불교의
미륵산 사이

우리 장모님 박경리朴景利 선생先生

「토지」가
자리잡은

〈원만圓滿〉의 땅

양안치兩岸峙

어찌할 것인가?

나의
양안치兩岸峙.

(丙申 9월 29일)

새벽

7시 반

흐린 날 머언 곳 치악을 보니
높은 산봉우리에
구름이 쌓였다.

여러
신문을 다 보다

김영란법에
퉤퉤퉤

오늘
공부 못한다

병원에 간다
심장내과와 안과
그리고 약국

저물어야 돌아온다

산 위의
흰구름

(丙申 9월 29일)

너는 나에게

너는 나에게
무엇인가

내가 한없는 슬픔에 쌓여
이 길고 긴 고난과 가난과 황량한
이,이,이
지옥 같은 시절에서
눈물 흘릴 때

한없는 환락과 큰 소리에 높은
큰 의자에서
떵떵거리던 너
너는
무엇인가

너의 이름은 국회의원
너의 이름은 장군
또
너의 이름은 고급공무원
그리고 너의 이름은

장차관
재벌.

그것이 무엇이관대

너는 나에게
침을 뱉으며
오줌을 싸며
또
방귀를 뀌며

아아아
너는 나에게
무엇인가

나
오늘
새벽에 홀로 일어나
어젯밤
얻어마신 커피 찻잔에

잠이 달아나
밤새 잠을 설친 뒤

새벽에
홀로 일어나
옛 詩
「오적五賊」을 생각한다.

잘된 것이냐
뭐라고?
잘되었다고
네가?
또 언론이?
또 외국 언론이?

허허허허허

그래

나 이제 나이 80에

결심한다.

'또 쓰리라!'
'또 써서 세상을 확 뒤집어놓으리라.'

이 좆같은 세상
한번 평화통일
융통자재 시키리라 허허허허허.

(丙申 10월 10일)

내일 또 오리라

나
네게 갔다가 참으로
모진 겨울만
만나
산길에서 떨었다.
일곱 시간
일곱 시간에

나의
해는 흩어져 산풍(散風)이 되고
내 꿈과 희망은 모두
돌멩이
잔돌멩이

그럼에도
또 내일 오리라
이곳에
왜?
네가 온다니까!

(丙申 10월 14일)

나는 너에게

내가 누구냐
애당초부터
너를
네 목숨을 먹여살린
한
일꾼,

너는 날더러
일할 줄 모른다고 친다만
친다만
나는
일했다
그래서 이렇게 쓴다

쓰기가
그리 쉬우냐?
일이 아니냐?
그보다 더 어려운 일이 어디 또 있느냐?

나는 어젯밤

캄캄한 잠자리에서

속으로 울며
울고 울고 또 울며
곁방의 아내가 못 듣도록

신불神佛이
못 듣도록

숨죽여 울며

일하고 싶다고 울부짖었다.
울부짖었다.

어떻게?
짐승처럼 으흐흥!
깜짝 놀란 아내가 소리를 친다.
뭐라는지
나는 모른다.

아하하
웃음이 아니다!

이것은
한편의 詩다

詩를 쓰고 싶어서
한밤중 몰래 짐승처럼 울어대며
몰래 우는
김지하라는
깡통시인이 이 세상에
아직 살아있다는
이 소식
하나 때문에도

아하하

이 집은
다물多勿집이고
이 방은

불함不咸방이다.
아하하하하
그리고 이 집은
배부른 산 아래
미륵산 가까이 또
백운산과 치악산 건너에

아하

동강 골덕내의 동생
풍점고개 가까이
산 위의 물이 있는 월봉月峰 근처에

해월海月 선생 잠자는
여주강
설성 앵산이 있는
가까이 가까이 있는 곳

부론 근처
좀재 근처

네 목숨을 먹여 살린
점봉산 장터 너머

학고개에서
가까운 곳 가까운 곳

내가
이제 정말로
너에게 가는 곳

양안치 아래
둔전 근처

대안리 흥업

나
이제
새 사람
동해와 백두대간, 한반도 합친
새 복승의 땅

흰 그늘의 개벽 자리
그곳이다.

나
이제
한마디로
늙은 등걸 하이얀 꽃,
그야말로

시김새다.

어허허

시김새다
김치다.

끝.

나는 이곳에 홀로

나는
이곳에 홀로
성城을 쌓고 있는거구려

매일
아파서 피를 쏟는 당신

곧
가시렵니까

아니라오
죽다니
천만의 말씀이라오
하느님
왈이요

지금 처음 들었소

그래
성城을 쌓으리다

당신의
성城

생명과 원만의 성城

(丙申 10월 16일)

수정산水精山

나
좆쟁이
이곳 수정산水精山에서

나 혼자 배운다

십일일언 기위친정十——言 己位親政

여자와 애기들
그리고 못난이들과 달이
임금이 되는 길
배운다

울며 배운다

풍류風流를.

(丙申 10월 24일)

새 고향 1

고향은
옛땅을 말한다.

그런데
'새 고향'이 있는가?

모른다

그러나 지금 나에겐 있다.

옛 고향이 지겨워서가
아니다.

새 세상을 찾는 길

먼저
황혼 속의 단풍
여주에서 원주가는 저녁 길

아아

내 고향
고향.

(丙申 10월 26일)

새 고향 2

내가
나에게 말한다.

너는 누구냐고.

대답한다.
'나는 똥깨, 오줌깨, 징게 멍게 넓죽이,
그리고 늘 낙지'라고

전라도로구나
여기가 바로
내 고향
산정리

구시나무집 밑에 함석집 똥깨집이라고.

아하
그래서
여기 옛 주인 여자가
나 산정리요

했구나.
헷헤.

(丙申 10월 27일)

새 고향 3

나는
어려서
고향 잃은 사람.

열세 살에
목포에서 원주로 옮겨온 사람,

고향이
있겠느냐

목포엘 가도 없다.
해남에서 3년을 살아봤으나

아파서
돌아왔으니
없다.

참 고향은 창조되는 것,
어디서?
마음에서!

그래

내 마음에서 이제
새 고향이
창조된다

밝은 황혼녘

이천
여주와
문막을 지나오며
아름다운 단풍에
아아

단풍
황혼의 단풍길에서

원주 흥업 대안리 뒷편

나의
새 고향!

          (丙申 10월 31일)

나 혼자 이 세상을

너

나 혼자 이 세상을
어떻게 살라고
그래

말 걸지 말라고 그러는가

나 혼자
이 세상을
어떻게

일그러진 이 세상을 어떻게 고쳐 세우며
밥을 먹고 살라고

그리
냉정한가

왜?

(丙申 11월 3일)

제 3 부

그래서 속마음을

그래서 속마음을
내 속마음을 조금씩
알아채기 시작했다오

허허
어제
장군들 부탁으로 용산의 육군회관에 가
안보통일 강연
10분을
10분을 말하고 돌아오며
이천 여주
문막길
나의 새 고향가는 단풍길

아하
단풍길
단풍숲에서 빛나는
붉은 나뭇잎을 보며
속마음을
나의 몰랐던

허나
진짜 속마음을
알게 됐다오

강연 땐

옛 중국의 감추어진 책
남치강제南齒降祭에서
황철영기黃澈齡基의

그
핵폭탄 모조리 없애는
참새와 두루미의 속,
입,
발톱 중
멧돼지와
……
가장 둔한
속치리와
쑥·감·송이

새 버섯의 노가리
샘물에 풀어
허허허
아예 쓸어버리는

참 지혜를

말하고 돌아오며
단풍으로부터

— 에이, 똥개야!
목포 산정리 구시나무 집 밑
— 에이, 징게 멍게야
원주 단계동 18 장미공원터
멍텅구리야
쫌텅구리야
히히히히히

이제
죽도록 부디
달·물·그늘에

네 여편네의 속치마에 숨어

내내 그렇게
살거라

에잇, 오줌깨야!

세상은
이제
크게 변한다

<u>ㅎㅎㅎ</u>
<u>ㅎㅎ</u>.

내가 나에게

내가 나에게
'똥개야! 이리와!'

자주
내 방에서 낮은 소리로 나를 부른다

옛날
네 살 때
산정리 검은 함석집에서
내가 얻은
별명

그런데 내 손자 '상안'이 별명이
'똥개'가 되었다.
그 똘똘이가

왜
?

(丙申 11월 6일)

박달재에서

박달재에서
내가
나더러 말한다
'잘 왔다!'

두 번 세 번 네 번씩
똑같은 말을 한다.

황혼에
단풍 산숲을 쳐다보며
또 말한다.

'아! 아름답다!'

이것이
나의 새 고향 인근 마을이다.

이젠
죽어도 좋다
참으로 잘 왔다.

(丙申 11월 7일)

황혼 속의 맞으라 산

맞으라 산
장호원의 뒷산
커다란,
넓은,
넉넉한 여유로운 산

나는
그 산 앞의
단강檀江과
그 강 위의
흰 두루미들을 잊을 수 없다.
함께
미륵산 가는 길 소태고개 앞
복탄의
한옥 펜션

'서유숙' 주인

서 여사와
그녀의 두 아들을 잊을 수 없다

중의
아내,
상주사람이
여기와 산다

왜

꿈속에 이곳을 보았다 한다
한 번
두 번
세 번씩이나

그 큰아들도 똑같은 꿈을

나는
가끔
참으로
내 인생에 목이 마를 때
그곳을 간다.

가서
차 한잔 얻어먹고
곧 화엄세상 온다고
이곳
맞으라 산과
미륵산 사이에

소태가 서있는 이곳
가까이 예쁜 오량과 세포가 있는
이곳에

좋은 터
좋은 자리
조오은 …… 허허허

난
이곳이 좋다
그러나
잘 안 간다
그냥 지나친다

왜

황혼인 것이다

(丙申 11월 8일)

황골 1

나
황골에 있다.

황골은 치악산 아래
다시 산이 없는 넓은 골짜기

나
지금
황골에서 단풍 구경이다.

서울에서
원주 시내에서도
정치 데모 소동인데

데모 전문가 김지하는

기가 막히게
단풍구경이다
황골에서
왜?

(丙申 11월 9일)

황골 2

원주시장
원창묵 씨 선조

운곡 원천석은
이방원의 재상 부탁을 도망쳐
이곳 석경사石徑寺골짜기에
와
숨어 살았다.

그의 詩에

'세상은 살 맛이 없다만
 오직 산골짜기만이
 여유가 있다.'

원주는 그런 곳
그런데
데모다.
황골만이 원주,
산골짜기다.

황골 3

가다가
입석대 입구,

아아
내 고등학교 때 걸어올랐던.

또 가다가

하륜사 입구,

허허허
무당동네라!

하황골에 차라리
삼백 년 묵은
백옥 느티가
훨씬
더
황골,
드넓은 골짜기.
'부처님보다 더 편안한 자리.'

미륵산

나는 모른다.
미륵산이 무엇인지
왜 미륵산인지
왜
경순왕이
개성으로 끌려가
이곳에
주저앉았는지

왜
왜

마의태자가
덕주공주가
이곳에 머물러

토지변화와 함께
왜
귀래貴來가 되었는지
나는 모른다

모를 뿐이다
또한 마의가 금강산으로 가고
덕주가
월악산으로 가

오늘
바로 지금
남북통일을

여성 리더가 결단해야 되는지
그것이

왜
달과 물과 산 때문인지
그 꿈이
그 괘가
왜
지금 정확한지
그런데도
지금 비틀어지는지

모른다 모른다 모른다
광화문에
수십만이 악악대고
미국에
좆쟁이 트럼프가 왕왕대고
중국, 소련, 일본에서
어째서
또
마초들이
웡웡대는지

아아아
나는 모른다

아직도 북한에
그 똥돼지가 폭탄 장난하고 있는지

몰라 몰라 몰라
미륵산도
새카맣게

모올라요! 허허허.

(丙申 11월 11일)

유리 개벽

개벽은
뒤집는 것

'유리가 뒤집어짐'은 무엇인가?

미국에서
트럼프에게 힐러리가
패배한 것

'유리천장을 못 깼다'

이것이
그것인가?

아니다.

전 세계 큰 나라들에
스트롱맨들이 짱짱한데도 아니냐?
그렇다.

유리개벽은 이제 시작이다.
여기!
한국에서!

(丙申 11월 13일)

나 오직 하나

나

오직

하나만 말하마

'죽고싶다'

왜
?
저 세상은 유리와 같은,

그리고
맑은
물 같은.

(丙申 11월 14일)

술미에서 솔미까지
그리고
월봉月峰에서 앵봉鶯峰까지

1.

엊그제
길에 나가 걷다가
갑자기
택시를 잡아타고

간다.

술미, 대안리에서
솔미, 강산리 좀재까지
— 견훤의 후백제 시작길이다.
아아
돈이 몇푼 안되어
단강檀江가 복탄에 있는 한옥펜션
상주사람
'서유숙'에 빌려서
갚고
또 빌려서 車를 빌려서

소태에서 귀래로 양안치로
오량
세포
주포를 스쳐 간다.
— 신라 끝 경순왕이 개성을 포기하고 미륵산 가던 길이다
흥원창 삼강합수처三江合水處의
월봉月峰에서
해월海月선생님 계시던 여주 앵봉鶯峰까지의
산상지유수山上之有水와 향아설위向我設位의 길
그 30리 길 가던 생각을
생각을
하며

하하

돈도 없이
참 굉장한 여행을 했구나
잊히지 않는다
꿀꺽—.

누군가

누군가
나에게 오고있다
누군가 누군가
아무리 궁리해봐도
몰라.

그만 생각을 닫자!
저 단풍의 아름다운 오미리를 지나며
산길 너머
내려 오는
엷은 그림자 하나
그것이
곧

취趣요 유喩요 결국은 수數일 것이니
아아아

나
지금
새 삶 앞에 부딪혀 있구나

그런가?

(丙申 11월 16일)

나무아미타불

나무아미타불
관세음보살.

이 염불밖에 없으니

무엇인가?

'조용히 살자'는 것이다.

더욱이 산간에서
조용 조용 조용히!

하하

나
오대산 월정사에서 백일동안
화엄경 공부하던 중

젊은
동국대 출신 스님들이 들어와

공산당 타령
아침부터 밤까지 하고 앉아 있다

잘하는 짓인가
잘하는 짓인가

불가설불가설전 일수보살산법제 不可說不可說轉 一數菩薩算法際

허허

잘하는 짓인가

나와
생명운동 같이하던 늙다리 중까지도
그 판에
끼어들어
나를 내쫓았다.

하하하

자재주自在主가 껄껄껄 웃고 있다.
좋은가?

(丙申 11월 20일)

詩로

이제
나
詩로 돌아온다

이제 나 정말로
산으로 돌아온다. 바다의,

나의
목포 삶 신앙이었던 바다의
참 조상인
산,
그 산의 영혼인 풍류 말이다.

그 시로
돌아온다
아니
돌아왔다
다신 다른 데 못 간다.

(丙申 11월 21일)

병신

나
이미
병신이다
다리병신, 심장병신,
눈병신, 이빨병신, 또
오줌병신.

나
내일 비뇨기과 입원한다.

이래가지고
여자 정치 들어올리려고
광화문 데모 욕할 수 있겠느냐
반대 행동 했느냐

강가에 나가
물이
어떻게 여자처럼 흐르는가만
보다가 보다가
집에 와

수운선생, 화엄경, 정역에 예수님 빌어
글로 써서
발표나 할 일.

내 말년
그것
뿐.

허허허 벼엉신!

(丙申 11월 22일)

바보 1

이미
왔다

'나는 바보다.'라고
소식이 왔다.

'정치 바보!'

박근혜를 지지하면서
최순실이를 몰랐고
그 애비
최태민이를 몰랐다.
그렇다.

바보만이 그럴 수 있다.

나는
그것을 다 졸업했다.

하하하하하

이제
일체 입을 닫는다, 모든 정치에 다아!

(丙申 11월 26일)

바보 2

한마디
'나에겐 공부밖엔 없다'
끝.
(이것이 詩인가?)

(丙申 11월 26일)

바보 3

누군가에게
전화를 걸었더니
안되고 왈,
'번호를 너무 느리게 눌렀습니다'라!
또 빨리 걸었는데도
'번호를 너무 느리게 눌렀습니다'라!
몇 번이고
똑같다.
하하
나는 바보다
'체크'다.
정부가 나를?
이것이 이것이 이것이
무엇인가?

제 **4** 부

오늘 아침

오늘 아침
데모 기사에서
보았다.

붉은 악마,
광우병
그리고

뉴욕 금융사태 이후
전세계에서
반년동안 퍼진
反 금융자본주의 반대 데모의
기괴한,
기이한 구호들
'우리들 앞바다에서 귀신 잡아라!'
'우리들 뒷산에서 귀신 잡아라!'
유럽 전문가들에게
물은 결과
'한국에서 나왔소!'

어디서?

바로

붉은 악마와
광우병 사태에서!

하하하

나
이제
통일, 융합, 창조의 새길을 찾았다.
만세!

(丙申 11월 28일)

누나

지금
누나는 어디 가 있나

찾을 수도 없고
찾지도 않았고

찾아오지도 소식을 전하지 않는다

누나
누나가 무엇인가?
이래도 되는가?

이렇게
나
외로운데
이렇게
나
늙어가는데
병들어 차차 죽어가는데.

(丙申 11월 29일)

촛불

아
촛불!

미 국무성 공식 성명까지 나와
촛불의 훌륭함을 칭찬하며
한미동맹韓美同盟을 재확인,

아아
촛불!

대통령이 제 나름으로 손을 들었다
야당 때문이
아니다.

여편네,
애갱치들
그리고
늙다리들 때문이다
그리고
생명과 평화의 촛불 때문이다!

(丙申 12월 1일)

겨울 햇빛

한 겨울
오늘 아침 햇살
너무
아름답다
저 귀퉁이 가득찬
나의
옛 책들,
보지도 않던 그 책들 위에
가득
가득
화안히
비친다.
아하

웬일인가?
목포와 원주
해남까지도

나의 모든 세월
비친다
아하

나
이제 죽어도 좋다
아무
한恨 없다.
다만

아내만
건강하게 오래살고 다만
그야말로
원만 속에 크게 크게
흥업興業한다면
……

햇빛
겨울아침 햇빛

이제
나의
선禪!

(丙申 12월 2일)

유리

정역正易이 말한
4천 년 유리의 시작이
틀림없다.
한 겨울의 아침 햇빛!
처음이다.
박근혜 대통령 탄핵사태
최순실 사태로
인해
아내가
나에게
말도 안하던 한 달여 만에
어제

내 밤인사에
단 한마디
대답
"네에"
아아아
말!

유리다.

춘분春分, 추분秋分이다.
200만 촛불이다.
여성, 아이들, 노친네들의 200만!

당나라의
무봉탑無縫塔
'유리'가 그것이다.

나
이제

방안에서 공부나 하고 책이나 쓰고
일절 말없이 살면서
그래
아니, 그것조차 버리고
그림만 그리며
새 세상을 기다리겠다.

새 세상
아아!

(丙申 12월 3일)

모심

오늘
종이 위에
분명히 쓴다
'촛불은 모심이다.'
내 말이
아니라
수운水雲 선생님 말씀,
참으로
어제
제게 한 말씀!
그래서
나
오늘
나간다.
'문바위'로!

(丙申 12월 4일)

에헤야

에헤야
나
여기
객지의 한 조용한 고향에 왔네

에헤이야
산도
들도 강물도 너무 정다워

아하하
이제
여기서 기꺼이 죽어
다시 태어나려네.
어저께는
오미리와
황둔—강림 사이 달고개에서
기쁨의 탄식이
너무
너무
심해서 아흐아라!

너무
정다워서!

이것을 무엇이라 말하랴?
더는 못 쓴다.

이제
詩도 끝이로구나!
에헤야
나
참말 고향에 왔네
할말이
없어!

無.

(丙申 12월 5일)

흐린 유리 1

나
오늘
모처럼
건국대학에 강의하러 간다.

'글로벌 융합대학'

미리
복사까지 해갔다.
웬일이냐?
오늘
사실은
내년 초
뉴욕대학에서 돌아오는
우리
작은 아이에게
'예술치료' 전공한
내 둘째에게
건대 강의를
넘기는 날이다.

그래
날씨도 흐리다
속도
이상하게
흐리다.
왠지 모르겠다 그런데
그런데 왜
왜
또
'유리'냐?
흐린 유리냐?
나의
유리.
기이한 개벽?
오늘
기이한 길이 있겠다.
그러나
가면서
내내
유리만 생각하자

유리창!
산과 숲과 강물과 하늘의
유리
유리
유리만을 생각하다 돌아오자
돌아와
나의
'12시간'에 생각하자.
그때
무언가
떠오르겠지
왜
흐린 유리 4천 년인지?

(丙申 12월 7일)

흐린 유리 2

건대 강의
끝났다.
날씨 전체가 흐리다
그러나

아내가
러시아로 떠나고

무사하기를 빌고 빌면서 나는 또
아침에
감악산으로
가리파를 넘는다.

가자
죽는 날까지

그림과
산,

둘뿐이다.

어린 시절의 한恨
돌아간다.

(丙申 12월 8일)

흐린 유리 3

나는
이제
간다.

내내 가지 말라던 곳
원주 시내
그 말썽 많은 곳
간다.

가서
그러나
가서도 돌아와야 한다.

아무리 흐려도
유리는 유리니까!
허.

(丙申 12월 9일)

흐린 유리 4

나는
본디
말도 못하고
떠돌지 못하는 멍청이.

아버지
어머니 덕에
전국을
돌았다.

이제
내가 바다가 좋고 산이 좋아서
간다.
오늘 또 간다.
어디로?
이리로!

'우리집 바로 옆'
배부른 산, 허허
미륵산 쪼조, 허, 동해의 시작.

(丙申 12월 10일)

흐린 유리 5

제천
의림지 곁
한 식당 유리창에
"유리를 주의하라!"라고 써 있다.

용두산 밑,
'기남이 길'을 넘으며 내내 기이하다.
어째서
유리를 주의해야 하는가?

이 밝고 밝은
기이한 겨울날에
어째서
미세먼지에 주의해야 하는가?
역사에서
답은 이미 나와 있다.

궁예의 바위
큰 곰바위 앞
육조해능계 선종의

금선사 입구
돌 미륵상이
히히히
누군가를 보고 웃고 있다.
방향을 살펴보니
궁예의
큰 곰바위.
왜
?

금대리 지나
아아
내가 좋아하는 마을

'새교마을' 입구에
허허허

'디올'이라 써 있다.

디올이

무엇인가?
디올이 무엇인가?
푸른 하늘에 한 점 검은 구름인가?

(丙申 12월 11일)

흐린 유리 6

흐린 유리.

유리가
흐리더니 드디어
경찰서로 들어간다.

봉산동
원주경찰서
사이버 수사과로 들어간다.

왜?
'흐린 유리'다.
무엇이?

이제
불이 켜진다

'촛불'
아! '흐린 유리'다.

(丙申 12월 14일)

흐린 유리 7

경찰서
원주 경찰서
사이버 수사과
두 번째다.
첫 번은
세월호 건으로
박정권을 모략하는 내 글이라는 것을
고발하는
그것
두 번은
박정권을 옹호하는 내 글이라는 것을
고발하는
그것.
도대체
'카카오톡'이 무엇이냐?
무엇으로 쓰는 것이냐?
'컴퓨터'다. '컴퓨터'가 무엇이냐?
나는 그런 것
아예 모른다. 허!

(丙申 12월 17일)

흐린 유리 8

2016년 12월 18일

서울 안국역에
박정권 옹호 시위가 한창이다.

촛불유리가
흐려졌다.

춘분 추분의 4천 년 유리세계가
오늘
매우 흐리다.

이러다
오후엔 해가 뜨려나?

나는
여자를 옹호하고 싶다.
여자가 우뚝 나서라!
지난 두 달간 내게 말도 안하던
아내가 내게

어제부터 말한다.
오늘 아침
밥도 같이 먹었다.

내 마음의 할말은 이것,
'고맙다.
모시겠다.

아아

유리!

(丙申 12월 18일)

흐린 유리 9

아내가
문화관에 출근하며
멀리서
소리 지른다.
'나 가요오—'

내가 대답했다.
'네에, 안녕히 다녀오세요'

더
할 말 없다.
하늘에 태양이 눈부시다.

그것
또한
화안한 보름달!

(丙申 12월 19일)

다섯 줄

다섯 줄로
내 마지막 詩를 쓴다.
마지막 운,
나
아내를 모심.

(丙申 12월 20일)